PROPUESTA DE PROGRAMACIÓN DE EDUCACIÓN FÍSICA PARA PRIMER CICLO DE EDUCACIÓN PRIMARIA

DEBORAH ABAD REGUEIRO

Deseo dedicar este libro a la esencia de mi vida; mi madre Ana y mi abuela Herminia

y a toda mi familia porque sin ellos nada sería posible.

ISBN: 978-1-4092-0129-8

INDICE

1. INTRODUCCIÓN

Actualmente nos encontramos en un PERIODO DE TRANSICIÓN LEGAL desde un punto de vista educativo, ya que aunque está implantada la Ley Orgánica 2/2006, de 3 de mayo, de Educación (**LOE**) por cuestiones de tiempo aún no está concretada a nivel autonómico y por ello, en cuanto a la legislación de Galicia, tratamos Decretos y Órdenes de la Ley Orgánica 10/2002, de 23 de diciembre de Calidad de la Educación (**LOCE**) y de la Ley Orgánica 1/1990, de 3 de octubre de Ordenación General del Sistema Educativo (**LOGSE**).

En la sociedad actual, nuestra área se demanda como una necesidad del ser humano que colabora junto a las demás áreas curriculares para alcanzar el objetivo principal de nuestro Sistema Educativo, que es el desarrollo **global** y **armónico** del individuo. La concepción de la Educación Física, es abierta**.** No sólo es deporte, ni educación psicomotriz, expresión corporal o juego, sino todo esto. Por tanto debemos enfocarla desde todas las **funciones del movimiento:** agonística, funcional, catártica, de compensación, comunicativa, de conocimiento, de relación social con los demás, higiénica y perceptiva. La importancia de la Educación Física se resume en la siguiente cita de **Le Boulch**: " el movimiento es el origen del pensamiento".

A través de esta Programación Didáctica, se pretenden desarrollar las capacidades y habilidades instrumentales que perfeccionen y aumenten las posibilidades de movimiento de los alumnos/as, desarrollando patrones motrices básicos que constituyan una sólida base para que en el futuro puedan escoger las actividades corporales y deportivas más convenientes en su desarrollo personal, además, incidiremos en toda una serie de tareas y valores con influencia en el cuerpo y la conducta motriz. Por otra parte, es importante resaltar que vivimos en una sociedad en la que las nuevas tecnologías se imponen en múltiples ámbitos de nuestras vidas. La escuela, como institución integrada en la sociedad, no puede permanecer al margen de las **Tecnologías de la Información y la Comunicación**, desde la **LOE** se promueve su utilización como medio de aprendizaje.

2. JUSTIFICACIÓN

El Sistema Educativo actual apuesta por un Currículo BÁSICO, lo que significa que proviene de unos mínimos comunes que marca el Estado a través del **R.D. 1513/2006, de 7 de diciembre**, por el que se establecen las Enseñanzas Mínimas de la Educación Primaria, éste nos comenzará a afectar, según el calendario de aplicación de la nueva Ley Orgánica (**R.D 806/06**), para el próximo curso [Anexo I]. Nuestro Currículo se caracteriza por ser, además:

⇒ **FLEXIBLE**: porque se adapta y tiene en cuenta la pluralidad y diversidad del alumnado así como las distintas realidades mediante los tres niveles de concreción curricular: Currículo Oficial, Proyecto Curricular de Centro (P.C.C.) y Programación Didáctica (P.D).

⇒ **ABIERTO**: porque permite incluir cualquier modificación en su desarrollo.

En base a el artículo 91 de la **LOE**, el profesor/a hoy en día asume distintas funciones entre las que cabe destacar; DISEÑADOR DE SU PROPIA PROGRAMACIÓN, ya que dentro de esta perspectiva, la Programación Didáctica tiene como finalidades:

- Guiar la práctica docente.
- Secuenciar las Unidades Didácticas para todo el curso.

Programación Didáctica (MEC): Proceso mediante el cual, a partir del Currículo Oficial, de las decisiones del Proyecto Curricular de Centro y de las directrices del Equipo de Ciclo, se planifica el trabajo que se va a desarrollar en el aula, con un grupo de alumnos/as, dando lugar a un conjunto de Unidades Didácticas secuenciadas para un curso o ciclo determinado.

Siguiendo a **Viciana**, en su obra *planificar en educación física* diremos que, los principios que van a regir nuestra Programación son, entre otros, los siguientes: **Sistematicidad:** Debe tener coherencia interna. **Jeraquización vertical:** Plan coherente con las intenciones de la educación integral. **Continuidad:** Se tendrá en cuenta lo trabajado anteriormente y los fines a conseguir. **Adecuación:** Se orientará hacia la realidad educativa en que se va a aplicar. **Flexibilidad:** Debe ser un proceso en continuo movimiento. **Utilidad:** Aplicable en la vida cotidiana.

3. CONTEXTUALIZACIÓN

Además de tener en cuenta todo lo regulado en nuestra legislación a nivel autonómico, también debemos destacar que toda Programación Didáctica debe estar contextualizada y adaptada a las demandas y características de los ALUMNOS/AS a los que va dirigida, así como al CENTRO Y ENTORNO en el que se desarrolla.

Es por ello que, para la elaboración de nuestra Programación tendremos que tener presente el Proyecto Educativo de Centro, que es un documento que caracteriza al colegio. Es decir, establece sus notas de identidad en relación al entorno, a los alumnos/as, a las intenciones educativas predominantes, a la filosofía del centro, al profesorado y a las instalaciones.

A continuación, nos centraremos en este contexto para poder diseñar una Programación ajustada a la realidad donde va a ser puesta en práctica.

3.1 DATOS DEL CENTRO

Nos encontramos en un colegio público de Educación Infantil y Primaria **(C.E.I.P)** situado en un medio rural, en la provincia de A Coruña, y tipificado de línea 2; es decir, dos aulas por cada curso, tendrá 6 grupos de Educación Infantil (dos de 3 años, dos de 4 y dos de 5 años) y 12 de Primaria (dos de 1º, dos de 2º, dos de 3º, dos de 4º, dos de 5º y dos de 6º); en total, 18 grupos.

El ratio profesor-alumno es aproximadamente de 1/20 constituyendo un total de 350 alumnos/as en todo el centro.

Trabajan 27 maestros/as, de ellos, 18 tutores y 9 especialistas (1 de religión, 2 de inglés, 1 de música, 1 de pedagogía terapéutica, 1 de audición y lenguaje, 2 de educación física y una orientadora) entre ellos el director, el jefe de estudios y el secretario.

3.2 DEPENDENCIAS

El centro cuenta con los aspectos indispensables establecidos en el **RD 1537/2003, de 5 de diciembre**, por el que se establecen los requisitos mínimos de los centros que impartan enseñanzas escolares de régimen general, lo que incluye: instalaciones adecuadas, aseos determinados en función del número de alumnos/as, patio, aulas específicas y recursos suficientes, lo que implica que disponemos de material adecuado para llevar a cabo las sesiones de Educación Física, éste fomenta el aprendizaje significativo, atiende a la pluralidad, se adapta a una realidad y es motivante [Anexo II]. Hoy en día, los recursos didácticos ocupan un importante lugar en el desarrollo curricular, la diversidad de alumnos exige variedad de materiales respetando así el principio de individualización de la enseñanza.

Concretamente, el centro consta de tres plantas [Anexo III] :

- **Planta baja**: aulas de Infantil, salón de actos, aulas de apoyo, comedor y gimnasio.
- **Primera planta**: aulas de 1º y 2º ciclo, sala de profesores, aula de música y biblioteca.
- **Segunda planta**: 3º ciclo de Primaria, laboratorio y aula de nuevas tecnologías.
- **Espacio exterior**: pabellón polideportivo provisto de vestuarios y almacén, patio de recreo con amplia zona de arena y zona exterior verde contigua al centro, debidamente delimitada y que cumple las medidas básicas de seguridad para la práctica de la actividad física.

3.3 ENTORNO SOCIO-ECONÓMICO

El **nivel socioeconómico** de estos alumnos/as es medio-bajo, en su mayoría, las familias viven del sector primario (ganadería y agricultura), siendo casi inexistentes los sectores secundarios (industria) y terciarios (sector servicios), por este motivo el centro oferta gratuitamente el servicio de comedor y transporte, de los que participarán una inmensa mayoría de alumnos/as. Respecto a la **situación sociolingüística**, la lengua predominante de la zona es el gallego y por ello casi todos los componentes de la comunidad educativa lo hablan. Teniendo en cuenta lo estipulado en el artículo 4 del **Decreto 247/95, de 14 de septiembre**, por el que se desarrolla la **Ley 3/1983, de Normalización Lingüística**, en el primer ciclo de Educación Primaria el profesor/a usará en clase la lengua materna predominante entre los alumnos/as.

3.4 JORNADA ESCOLAR

El centro será de jornada partida de 10:00 a 13:00 por la mañana (3 clases de 50 minutos y un recreo de 30 minutos) y de 15:00 a 17:00 por la tarde (con 2 clases de 60 minutos). La hora exclusiva por parte del profesorado se realiza de 17:00 a 18:00.

3.5 ACTVIDADES COMPLEMENTARIAS Y EXTRAESCOLARES

Además de las actividades extraescolares, tanto culturales como deportivas, con las que cuenta el colegio, en el área de Educación Física están programadas diversas excursiones y salidas del centro escolar (ruta de senderismo, patinaje sobre hielo..), en función de los cursos a los que se dirigen. Legalmente tendremos en cuenta lo estipulado en el capitulo IV, que alude a las actividades complementarias y extraescolares, del **Decreto 374/96**, **de 17 de octubre** por el que se aprueba el Reglamento Orgánico de las escuelas de Educación Infantil y los colegios de Educación Primaria y en la **Orden de 22 de julio de 1997** que lo desarrolla [Anexo IV].

3.6. DATOS DEL ALUMNADO

La presente Programación Didáctica está pensada para un grupo de 20 alumnos/as (9 niños y 11 niñas) de **segundo nivel de primer ciclo** de educación primaria **(7-8 años).** [Anexos V y VI]. A pesar de que hemos de tener en cuenta los condicionantes personales y socioculturales de cada alumno/a con objeto de individualizar la enseñanza, es importante conocer las características psicoevolutivas generales que presentan a estas edades [Anexo VII].

El alumno/a toma como punto de partida el conocimiento que tiene de las diferentes partes de su cuerpo y del de los demás, pasando del movimiento global al segmentario, para afirmar definitivamente el proceso de lateralización. La percepción es también un elemento importantísimo puesto que, en la medida en que el niño/a perciba con más nitidez los elementos que le rodean, será capaz de construir mejor las nociones espacio-temporales.

Por otro lado, se tratará de potenciar el desarrollo de sus habilidades básicas y la adquisición de esquemas motores nuevos, mediante la diversidad de estímulos externos. La espontaneidad que les caracteriza en estas edades se debe aprovechar para introducirlos en el mundo expresivo y creativo. Aprovechando la entrada en una etapa más social, se comienza a buscar una identidad propia y de grupo en la que el juego, es la actividad motriz más natural y a la vez el colofón de todas las actividades motoras, es conveniente valerse de éstos para estimular a los niños/as proporcionándoles nuevas posibilidades de movimiento.

Por otro lado queremos resaltar, ya en este apartado, que no existe en este grupo ningún niño/a que presente necesidades específicas de apoyo educativo (término **LOE**); esto es:

⇒ No existe alumnado con integración tardía (sí en el centro, pero no en nuestro grupo).

⇒ No existe alumnado con altas capacidades intelectuales.

⇒ Respecto a las necesidades educativas especiales, hay un alumno que presenta una adaptación curricular en otras áreas por tener un retraso a nivel cognitivo, pero en el área de Educación Física no muestra ningún problema para efectuar las tareas ordinarias.

4. RELACIÓN DE LA PROGRAMACIÓN CON OTROS ELEMENTOS DEL CURRÍCULO

El CURRÍCULO es, según el artículo 6 de la **LOE**, "el conjunto de objetivos, competencias básicas, contenidos, métodos pedagógicos y criterios de evaluación de cada una de las enseñanzas que regula la presente ley". En nuestro Sistema Educativo Actual existen **tres niveles de concreción curricular**, a continuación los esquematizaremos en el siguiente cuadro.

	ELABORACIÓN	APLICACIÓN	DOCUMENTO
1º	Administración Educativa	Galicia	Currículo Oficial
2º	Claustro de profesores	Centro escolar	Proyecto Curricular de Centro de Centro CENTRO
3º	Docente	Grupo-clase	Programación

PRIMER NIVEL DE CONCRECIÓN

El primer nivel de concreción lo constituye el Currículo Oficial y es elaborado por la Administración Educativa. En él, se especifican las grandes directrices y orientaciones que deben regir el Sistema Educativo; de forma explícita se concretan los objetivos, los contenidos y criterios de evaluación. Este primer nivel tiene carácter prescriptivo, es decir, de obligado cumplimiento por los centros escolares, en la Comunidad Autónoma de Galicia aparece reflejado en el **Decreto 245, de 30 de julio, de 1992**.

SEGUNDO NIVEL DE CONCRECIÓN

El segundo nivel de concreción se fundamenta y caracteriza por dos acciones básicas: la secuenciación de los contenidos y la ordenación modular de los mismos mediante el Proyecto Curricular de Centro, que se realiza basándose en el Proyecto Educativo de Centro [Anexo VIII]. Estos documentos son elaborados por los centros educativos, de esta forma, se ofrece a los claustros de profesores la posibilidad de incrementar su protagonismo en la elaboración del Currículo y la intervención en el propio proceso educativo.

TERCER NIVEL DE CONCRECIÓN

A partir del Proyecto Curricular de Centro y de la ordenación de los contenidos en bloques surge el tercer nivel de adaptación de las intenciones educativas, de una forma más concreta y explícita, referido al aula. En este nivel, los diferentes bloques de contenidos son transformados en Programaciones Didácticas mediante la elaboración de unidades básicas de programación realizadas por el profesor/a de aula o ciclo.

♠ A continuación, se justifica la relación de esta Programación (3º nivel de concreción) con algunos aspectos del primer nivel o Currículo Oficial (objetivos de etapa, objetivos de área, bloques de contenidos, otras áreas y temas transversales) y del segundo nivel o Proyecto Curricular de Centro (objetivos, contenidos y criterios de evaluación del ciclo).

4.1 RELACIÓN CON LOS OBJETIVOS GENERALES DE ETAPA

Los **objetivos generales de Educación Primaria** son intenciones educativas que fijan las capacidades (cognitivas, motrices, sociales, afectivas y comunicativas) que los alumnos/as han de haber adquirido, en base a las diferentes áreas, al final de la etapa. Éstos son:

a) Comprender y producir mensajes orales y escritos en lengua gallega y lengua castellana, atendiendo a diferentes intenciones y contextos de comunicación, así como comprender y producir mensajes orales y escritos sencillos y contextualizados en una lengua extranjera.

b) Comunicarse a través de medios de expresión verbal, corporal, visual, plástica, musical y matemática desenvolviendo el razonamiento lógico y verbal, así como la sensibilidad estética, la creatividad y la capacidad para gozar de las obras y manifestaciones artísticas.

c) Utilizar en la resolución de problemas fáciles los procedimientos oportunos para obtener la información pertinente y representarla mediante códigos, teniendo en cuenta las condiciones necesarias para su resolución.

d) Identificar y plantear interrogantes y problemas a partir de la experiencia diaria, utilizando tanto los conocimientos y los recursos materiales disponibles como la colaboración de otras personas para resolverlas de modo creativo.

e) Actuar con autonomía en las actividades habituales y en las relaciones de grupo, desenvolviendo las posibilidades de tomar iniciativas y de establecer relaciones afectivas.

f) Colaborar en la planificación y realización de actividades en grupo, aceptar las normas y reglas que democráticamente se establezcan, unir los objetivos e intereses propios con los de los otros miembros del grupo, respetando puntos de vista distintos y asumir las responsabilidades que correspondan.

g) Establecer relaciones equilibradas y constructivas con las personas en situaciones sociales conocidas, comportarse de modo solidario, reconociendo y valorando críticamente las diferencias de tipo social y rechazando cualquier discriminación basada en diferencias de sexo, clase social, creencias, raza y otras características individuales y sociales.

h) Apreciar la importancia de los valores básicos que rigen la vida y la convivencia, en su dimensión propiamente social y política, así como de los valores morales fundamentales, tanto en su dimensión cognitiva como en la afectiva y motivacional, y obrar de acuerdo con ellos.

i) Comprender y establecer relaciones entre hechos y fenómenos del entorno natural y social y contribuir activamente, en lo posible, a la defensa, conservación y mejora del medio ambiente.

j) Conocer el patrimonio cultural, participar en su conservación y mejora y respetar la diversidad lingüística y cultural como derecho de los pueblos e individuos, desenvolviendo una actitud de interés y respeto cara al ejercicio de este derecho.

k) Conocer y apreciar el propio cuerpo y contribuir a su desenvolvimiento, adoptando hábitos de salud y bienestar y valorando las repercusiones de determinadas conductas sobre la salud y la calidad de vida.

4.2 RELACIÓN CON LOS OBJETIVOS GENERALES DE ÁREA

El **área de Educación Física** presenta unos objetivos que se han de conseguir obligatoriamente al finalizar la etapa de Educación Primaria y se relacionan con los ámbitos: perceptivo, motor, comunicativo, afectivo, social, de salud corporal y con el entorno, éstos son:

1. Conocer y valorar su cuerpo y la actividad física como disfrute de sus posibilidades motrices, de relación con los demás y como recurso para organizar el tiempo libre.

2. Adoptar hábitos de higiene, de alimentación, de posturas y de ejercicio físico, manifestando una actitud responsable hacia su propio cuerpo y de respeto a los demás, relacionando estos hábitos con los efectos sobre la salud.

3. Regular y dosificar su esfuerzo llegando a un nivel de autoexigencia acorde con sus posibilidades y la naturaleza de la tarea que se realiza, utilizando como criterio fundamental de valoración dicho esfuerzo y no el resultado obtenido.

4. Resolver problemas que exijan el dominio de patrones motrices básicos adecuándose a los estímulos perceptivos y seleccionando los movimientos.

5. Utilizar sus capacidades físicas básicas y destrezas motrices y su conocimiento de la estructura y funcionamiento del cuerpo para la actividad física y para adaptar el movimiento a las circunstancias y condiciones de cada situación.

6. Participar en juegos y actividades estableciendo relaciones equilibradas con los demás, evitando la discriminación por características personales, sexuales y sociales, así como los comportamientos agresivos y las actitudes de rivalidad en las actividades competitivas.

7. Conocer y valorar la diversidad de actividades físicas y deportivas y los entornos en que se desarrollan, participando en su conservación y mejora.

8. Utilizar los recursos expresivos del cuerpo y del movimiento para comunicar sensaciones, ideas y estados de ánimo y comprender mensajes expresados de este modo.

4.3 RELACIÓN CON LOS BLOQUES DE CONTENIDOS

Los contenidos son, según **Rotger**, el conjunto de formas culturales y de saberes seleccionados para formar parte de un área en función de los objetivos generales de la misma.

Domingo Blázquez (1992), refiriéndose a los contenidos de la Educación Física los define como *"el conjunto de conocimientos y habilidades necesarias a adquirir, para actuar frente al entorno a partir del momento en que éstos son percibidos por los alumnos y el profesor"*.

Los CONTENIDOS se clasifican en tres categorías, veamos cuales:

Conceptos	Se refieren a la información. Aluden al "saber".
Procedimientos	Son experiencias de aprendizaje. Aluden al "saber hacer".
Actitudes	Hacen referencia a "comportarse" o "actuar".

Los contenidos de Educación Física se estructuran durante la Educación Primaria en torno a cinco ámbitos básicos, regulados en el **Decreto 245/92, de 30 de julio**:

1. "El cuerpo: imagen y percepción": Se centra en el desarrollo de las capacidades perceptivo-motrices (esquema corporal, espacialidad y temporalidad), este bloque va a ser de especial importancia en nuestra programación por ir dirigida a un primer ciclo.

2. "El cuerpo: habilidades y destrezas": Se incide en los aspectos cualitativos del movimiento (habilidades motrices), así como en los cuantitativos (capacidades físicas básicas).

3. "El cuerpo: expresión y comunicación": Se centra en la calidad del movimiento corporal con la finalidad de expresar, para ello se utilizan como recursos el gesto y el movimiento.

4. "Salud corporal": Priorizan fundamentalmente: Los efectos de la actividad física en la salud, el cuidado del cuerpo y el establecimiento de medidas de seguridad.

5. "Los juegos": Éste es un bloque de aplicación de los contenidos incluidos en los demás bloques, se incorporan aspectos sobre recursos, reglas y práctica de diferentes tipos de juegos así como los contenidos propios de los deportes.

4.4 RELACIÓN CON OTRAS ÁREAS (INTERDISCIPLINARIEDAD)

En un nivel superior de la realidad, y entendida ésta bajo una concepción global, la Educación Física constituye un elemento más que interactúa con las otras áreas de una forma coordinada, planificada y complementaria para poder llegar a constituir esa realidad.

La Educación Física, por su carácter procedimental y por ser el objeto de enseñanza del cuerpo y su capacidad de movimiento, se convierte en una de las áreas que tiene una mayor relación con las demás y que a la vez da significado a muchos elementos de la vida cotidiana.

A continuación, destacaremos algunos de los **vínculos** que el área de Educación Física establece con otras disciplinas educativas.

- ÁREA DE MATEMÁTICAS.

Puntos y sistemas de referencia (situación de un objeto en el espacio, distancias, desplazamientos, trayectorias, giros..). Representación elemental del espacio (planos, mapas y maquetas). Agrupaciones y operaciones básicas. Disposiciones geométricas.

- ÁREA DE EDUCACIÓN ARTÍSTICA: MÚSICA Y PLÁSTICA.

La **música** se relaciona en los aspectos temporales (ritmo, duración, secuencia, velocidad..), el cuerpo como instrumento de expresión y comunicación, danzas y bailes.

Con **plástica** se relaciona cuando tratamos la imagen como elemento de comunicación, en la construcción de objetos con material de desecho, en la utilización de diversos recursos didácticos etc.

- ÁREA DE CONOCIMIENTO DEL MEDIO NATURAL, SOCIAL Y CULTURAL.

Percepción del propio cuerpo (localización de órganos), percepción espacial (orientación, distancias), identificación de situaciones de colaboración en conflictos sociales y culturales, participación en la toma de decisiones de grupo, educación ambiental, patrimonio cultural.

- ÁREA DE LITERATURA, GALLEGA Y EXTRANJERA.

Se vincula principalmente con sistemas y elementos de comunicación verbal y no verbal (imagen, sonido, gesto, movimiento, dramatizaciones).

4.5 RELACIÓN CON LOS TEMAS TRANSVERSALES

Desde nuestra área, no sólo impartiremos contenidos relacionados con la Educación Física, sino que trabajaremos otros contenidos de carácter funcional y social que impregnan la vida de las alumnas/os, éstos son, los temas transversales, según **Rovira de Villar** deben incluirse por tres razones: **pedagógicas**: con el fin de formar íntegramente al individuo; **sociales**: ya que la sociedad reclama a la escuela una educación en valores y **legales**: el artículo 57 del **Decreto 374/96** postula que los equipos de ciclo los deben incluir en sus programaciones.

⇒ Educación para la salud y la calidad de vida: A través de ejercicios y actividades dinamizaremos el bienestar corporal que indirectamente potencia el espiritual.

⇒ Educación ambiental: Una de las características de la práctica de actividades físicas es su constante interacción con el medio en que los alumnos/as viven y, en ocasiones, con el medio natural. Promoveremos actividades que ayuden a conocer y respetar el entorno.

⇒ Educación para la paz: Fomentaremos actitudes básicas de convivencia, tolerancia, solidaridad, respeto.. que favorezcan el compañerismo, así como aprender a competir de forma positiva sin propiciar el conflicto ni la rivalidad.

⇒ Educación del consumidor: la sociedad actual nos acosa con un sinfín de marcas, modas, actitudes, modelos.. los cuales llegan a condicionar a los alumnos/as impidiéndoles adoptar una actitud crítica frente al consumo. La desmitificación de estos aspectos, a partir de nuestras clases, contribuirá a una educación del consumidor.

⇒ Educación para la igualdad de sexos: el conocimiento mutuo entre sexos que se consigue a través de la práctica de actividades físicas debe servir de base para el respeto y aceptación de las características de cada uno de ellos.

⇒ Educación vial: conocimiento sobre la vía pública fomentando la exploración del entorno urbano y los desplazamientos por él de forma autónoma y segura.

⇒ Educación para el ocio y el tiempo libre: Enseñaremos a nuestros alumnos/as a disfrutar del tiempo libre de manera activa por medio de la actividad física.

4.6 RELACIÓN CON LOS OBJETIVOS GENERALES DE CICLO

Partiendo del **Proyecto Curricular de Centro**, documento en el cual aparecen inscritos los objetivos, contenidos y criterios de evaluación que obligatoriamente se han de cumplir en cada uno de los ciclos, estableceremos los objetivos que a lo largo de todo del curso creemos oportuno que nuestro grupo-clase consiga, pues éstos, son el referente principal del docente para la planificación de su actividad. Los objetivos de nuestra programación son los siguientes:

1. Afianzar el esquema corporal y la representación del propio cuerpo, identificando las diferentes partes y percibiendo los cambios corporales en sí mismo y en los demás.
2. Reconocer la izquierda y la derecha propia, sabiendo situar los objetos en relación al propio cuerpo, sincronizando el movimiento corporal con estructuras rítmica sencillas.
3. Trabajar la relajación global y la respiración en situaciones estáticas.
4. Mejorar la coordinación dinámica general en situaciones de juego.
5. Experimentar sensaciones de equilibrio y desequilibrio en situaciones próximas a las habituales y con una base de sustentación amplia y estable.
6. Desenvolver de manera global las capacidades físicas y las habilidades motrices en situación de juego así como en otros medios diferentes a la escuela.
7. Practicar danzas sencillas con carácter de movimiento expresivo y comunicativo.
8. Explorar las posibilidades del gesto y del movimiento para la expresión, partiendo de acciones espontáneas y por medio de juegos.
9. Fomentar la adquisición de hábitos de higiene, alimentación, de postura y de ejercicio físico.
10. Participar en juegos y actividades recreativas evitando la discriminación por características personales, sexuales y sociales, así como los comportamientos agresivos y las actitudes de rivalidad en las actividades competitivas.
11. Trabajar con material de desecho fomentando actitudes de respeto hacia el medio ambiente.

4.7 RELACIÓN CON LOS CONTENIDOS DE CICLO

Los contenidos de esta programación, al igual que en el Currículo Oficial, se agrupan en cinco bloques, cada uno de los cuales se divide en conceptos, procedimientos y actitudes.

EL CUERPO: IMAGEN Y PERCEPCIÓN

Conceptos

1. Partes del cuerpo.
2. Izquierda y derecha respecto a sí mismo (lateralidad).
3. Aspectos propioceptivos: conciencia postural.
4. Tono-relajación (contracción/descontración).
5. Espacio (de situación y ocupación) y tiempo (duración y ritmo).

Procedimientos

1. Percepción, identificación y representación del propio cuerpo y del de los demás, prestando mayor atención en los segmentos corporales y afirmando a la vez la lateralidad.
2. Trabajo de relajación global y respiración en situaciones estáticas.
3. Experimentación y toma de conciencia de la movilidad del eje corporal, teniendo en cuenta el tono muscular en diferentes posturas.
4. Apreciación de dimensiones espaciales, agrupación y dispersión de objetos.
5. Reconocimiento y adaptación a diferentes duraciones, así como armonización del movimiento corporal en estructuras rítmicas sencillas.

Actitudes

1. Respeto hacia su propio cuerpo y el de los demás.
2. Confianza en sí mismo y autonomía personal (sentimientos de autoestima, autoeficacia..).

EL CUERPO: HABILIDADES Y DESTREZAS

Conceptos

1. Esquemas motores básicos: movimientos genéricos.
2. Control neuromotor en movimientos habituales y en la manipulación de objetos, aptitud y

habilidad.

3. Posibilidades de movimientos (saltos, giros, desplazamientos).

Procedimientos

1. Mejora de la coordinación visomotora y dinámica general en espacios habituales.
2. Experimentación de sensaciones de equilibrio y desequilibrio en situaciones próximas a las habituales y con una base de sustentación amplia y estable.
3. Exploración y experimentación de las habilidades y destrezas básicas a partir de múltiples y variadas situaciones.
4. Destreza en el empleo y manipulación de objetos conocidos.
5. Experimentación de las habilidades motoras en medios poco habituales.
6. Mantenimiento de la movilidad articular y la elasticidad muscular.
7. Desarrollo de las capacidades físicas básicas globalmente por medio de situaciones lúdicas.

Actitudes

1. Colaboración e interés en toda actividad motora.
2. Autonomía y confianza en sus propias habilidades motoras.
3. Actitud participativa en todas las actividades, aceptando los resultados y situaciones adversas que se produzcan.

EL CUERPO: EXPRESIÓN Y COMUNICACIÓN

Conceptos

1. El gesto como movimiento natural.
2. El ritmo y el movimiento natural.
3. Calidades del movimiento: lento, rápido, etc.
4. Relación entre el lenguaje expresivo corporal y el lenguaje musical.

Procedimientos

1. Experimentación y exploración de forma espontánea de los recursos expresivos del cuerpo, a partir de elementos rítmicos.

2. Utilización personal del gesto y el movimiento en la imitación de modelos y representación de situaciones conocidas.

3. Reproducción de secuencias y ritmos sencillos, adecuando el movimiento a los mismos.

4. Desenvolvimiento de la capacidad de expresión y de creación a través del cuerpo.

5. Practica de danzas sencillas con carácter de movimiento expresivo y comunicativo.

6. Exploración de las calidades de movimiento en la propia ejecución motriz (rápido, lento..).

Actitudes

1. Participación e interés en situaciones en las que se recojan aspectos expresivos y comunicativos.

2. Respeto hacia las capacidades expresivas de los demás compañeros/as.

3. Desinhibición y espontaneidad.

SALUD CORPORAL

Conceptos

1. El cuidado del cuerpo: rutinas (utilización del vestuarios) y normas básicas de higiene corporal.

2. Efectos de la actividad física en la salud.

3. Medidas básicas de seguridad y de prevención de accidentes en la practica de actividad física y en la utilización de materiales y espacios.

Procedimientos

1. Adquisición de los hábitos de higiene corporal y postural.

2. Práctica de las normas de alimentación.

3. Adquisición de buenos hábitos de ejercicio físico.

4. Adopción correcta de espacios y materiales para la prevención de accidentes y adopción de las medidas básicas de seguridad.

5. Utilización de la indumentaria deportiva adecuada.

Actitudes

1. Valoración de las situaciones de riesgo que se deriven de la actividad física.

2. Interés por la adopción de las normas básicas de salud.

3. Aceptación de las propias posibilidades y limitaciones respetando las de los demás compañeros/as.

LOS JUEGOS

Conceptos

1. Conocimiento de diferentes tipos de juego: sensoriales, cantados, populares, con música, con material alternativo...

2. Reconocimiento del carácter arbitrario de las normas y la posibilidad de adaptación de las mismas por parte del grupo.

3. Juego libre y poco organizado.

Procedimientos

1. Utilización de estrategias básicas de juego (cooperación oposición y cooperación-oposición).

2. Empleo de las habilidades básicas para la práctica de estos juegos.

3. Práctica de juegos de campo, de exploración y de aventura.

4. Participación en diferentes tipos de juego y actividades recreativas o deportivas evitando la discriminación por características personales, sexuales y sociales.

Actitudes

1. Actitud participativa en los juegos propuestos, buscando siempre el aspecto recreativo, considerando el juego como medio de diversión.

2. Valoración del juego como medio para relacionarse con los demás y para emplear en el tiempo libre.

3. Aceptación de los demás en el juego.

4. Actitud positiva hacia el papel que le corresponde como jugador en la práctica de los juegos.

4.8 RELACIÓN CON LOS CRITERIOS DE EVALUACIÓN DE CICLO

Los criterios de evaluación, regidos por el **Decreto 245/92,** que nos planteamos para nuestros alumnos/as como resultado del proceso de enseñanza-aprendizaje y que estarán acordes con los objetivos que hemos señalado son los siguientes :

1. Identificar las diferentes partes de su cuerpo descubriendo sus posibilidades de movimiento y utilizando el juego como medio de actividad física y de relación con los demás.
2. Afirmar la lateralidad.
3. Valorar la apreciación de las dimensiones espaciales así como la armonización del movimiento a estructuras rítmicas sencillas.
4. Tomar conciencia de la relajación global y la respiración en situaciones estáticas.
5. Desarrollar las capacidades motoras mediante situaciones de juego.
6. Adecuar las formas y posibilidades de movimiento a diferentes situaciones.
7. Explorar los recursos expresivos del cuerpo por medio del movimiento.
8. Adoptar una correcta actitud postural, higiénica y alimenticia, conociendo los riesgos que la falta de ésta entraña para la salud.
9. Respetar a todos los compañeros así como a las normas y reglas establecidas.
10. Participar en juegos evitando cualquier tipo de discriminación así como comportamientos agresivos y actitudes de rivalidad en las actividades competitivas.
11. Mostrar interés por trabajar con material de desecho fomentando actitudes de respeto hacia el medio ambiente.

5. SECUENCIACIÓN Y TEMPORALIZACIÓN DE LAS UNIDADES DIDÁCTICAS

A continuación, se presentará un cuadro en el que se van a exponer todas las unidades didácticas que llevaremos a cabo durante el curso 2006-2007, para ello, tendremos presente una continuidad coherente en el desarrollo de los contenidos siguiendo el calendario escolar de la Comunidad Autónoma de Galicia regulado por la **Orden 5 de mayo de 2006**.

Nuestros alumnos/as tendrán clase de Educación Física los martes y jueves por tanto, las sesiones aplicadas durante todo el año sumarán un total de 71 repartidas en 15 unidades didácticas a lo largo de los tres trimestres de evaluación. Veamos esta distribución en el siguiente cuadro. [Anexo IX].

U.D Nº	NOMBRE	SESIONES	APLICACIÓN	CONTENIDOS
1	Una nueva aventura educativa	4	Septiembre	Presentación / Normas
2	Descubrimos nuestro cuerpo	5	Septiembre-Octubre	Conocimiento del cuerpo
3	Controlamos nuestro cuerpo	5	Octubre	Actitud, relajación respiración relajación
4	Mi mejor lado	5	Noviembre	Lateralidad
5	La conquista del espacio	5	Noviembre-Diciembre	Espacialidad
6	La conquista del tiempo	4	Diciembre-Enero	Temporalidad
7	Más hábil que nunca	4	Enero	Habilidades
8	Aventuras motrices	4	Enero - Febrero	Cuentos motores
9	Arte en el carnaval	5	Febrero - Marzo	Dramatización
10	Magia en el circo	5	Marzo	Equilibrio
11	Si una buena salud quieres tener...	5	Marzo - Abril	Salud corporal
12	Aprendemos jugando	5	Abril - Mayo	Juegos
13	Un viaje por el mundo a través de las danzas	5	Mayo	Bailes y danzas
14	Ecología en la escuela	5	Junio	Material de desecho
15	El gran safari	5	Junio	Actividades en la naturaleza

El orden de las unidades sigue una progresión lógica favoreciendo así el aprendizaje significativo de **Ausubel**. La primera unidad es la de vuelta al colegio, en el proceso educativo la interacción con los compañeros es muy importante y motivadora, a continuación trabajaremos las capacidades perceptivo-motrices, primero el esquema corporal, que según **Le Boulch,** está constituido por el conocimiento del cuerpo que sería la unidad 2, la actitud, respiración, relajación que conforman la unidad 3 y la lateralidad unidad 4, a continuación, trataremos las otras dos capacidades perceptivo-motrices que son la espacialidad en la unidad 5 y la temporalidad en la unidad 6. Según **Sánchez Bañuelos**, estas capacidades son la base sobre la que se desarrollarán las habilidades motrices básicas, que se trabajarán en la unidad siguiente (la séptima), la unidad de cuentos motores ocupará el número 8 coincidiendo con la festividad del ***día de la paz (30 de enero).*** A continuación viene la unidad 9 de dramatización, según **Marta Schinka** para su puesta en práctica hemos de haber trabajado previamente las habilidades, además, coincide con la ***festividad del carnaval***, aprovecharemos, así, los atuendos carnavalescos para desarrollar alguna de nuestras sesiones. Seguidamente viene una unidad de equilibrio la número 10 que, aunque como afirman **Castañer y Camerino** es una capacidad resultante de las perceptivo-motrices, nos valdremos de las habilidades para trabajarlo, como última unidad de este trimestre la número 11 tenemos la salud, aunque ésta se trabajará desde el primer día promoviendo hábitos higiénicos creemos conveniente plantearla coincidiendo con el ***día mundial de la salud (7 de abril).*** Ya en el tercer trimestre, la unidad 12 es de juegos, en las dos últimas sesiones trabajaremos la adecuación del movimiento a los distintos ritmos, lo que nos servirá como trabajo previo para la siguiente unidad, la número 13, que será de danzas, este clima de interacción y de desinhibición entre compañeros/as va a ser muy apropiado para la unidad 14 de juegos con material de desecho, la haremos coincidir con el ***día mundial del medio ambiente (5 de junio),*** Y finalmente acabaremos el curso con la unidad número 15 de actividades en el medio natural, aprovecharemos el buen tiempo para realizarla al aire libre.

6. DESARROLLO DE LAS UNIDADES DIDÁCTICAS

Se entiende por UNIDAD DIDÁCTICA (**M.E.C**): la unidad de actuación y programación docente configurada por un conjunto de actividades que se desarrollan en un tiempo concreto, para la consecución de unos objetivos didácticos y que dan respuesta a todas las cuestiones del currículo: ¿Qué, cómo, cuándo, enseñar y evaluar? [Anexo X]. El modelo de SESIÓN que seguiremos será el utilizado por **Santos Berrocal**, por considerarse pedagógicamente adecuado, el cual estructura la sesión en 5 partes, veamos cuales [Anexo XI]:

FASE	DURACIÓN	CONTENIDO
Información	5'	Se informará a los alumnos/as de los contenidos de la sesión y de otros aspectos relacionados con la misma.
Animación	5' - 8'	Se plantearán acciones que predispongan al organismo para la actividad física posterior.
Principal	30'	Se desarrollarán actividades encaminadas a trabajar los contenidos y lograr los objetivos.
Vuelta a la calma	5'	Se presentarán acciones que volverán al organismo a su estado normal, tanto física como psíquicamente.
Análisis de resultados	5'	Se establecerá una valoración y reflexión acerca de lo sucedido durante la sesión.

Además, ya desde el primer día se les deberá dejar claro a nuestros alumnos/as una serie de **rutinas** que deberán seguir antes y después de las sesiones [Anexo XII]:

- Los desplazamientos serán correctos: en silencio, sin correr y en fila .
- Utilizarán ropa y calzado adecuado para la actividad física.
- Se sentarán en el punto de encuentro (fase de información y análisis de resultados).
- Todos deben contribuir en la recogida del material.

UNIDAD DIDÁCTICA Nº 1: "UNA NUEVA AVENTURA EDUCATIVA"

1. INTRODUCCIÓN

Pretendemos, a través de esta primera unidad didáctica que la vuelta al colegio sea alegre, participativa, motivadora, y que suponga un estímulo de autoestima positivo y de cooperación con los compañeros/as. No debemos olvidar, que el objetivo de la Educación Primaria es educar capacidades y que las más importantes para un desarrollo armónico de la personalidad de nuestros alumnos y alumnas son la capacidad afectiva y de relación con los demás.

2. RELACIÓN CON EL CURRÍCULO

CON OBJETIVOS DE ETAPA: Se relaciona directamente con los objetivos "f", "i".

CON OBJETIVOS DE ÁREA: Se relaciona directamente con los objetivos 6 y 7.

CON OBJETIVOS DE CICLO: Se relaciona con los objetivos de ciclo 6 y 10.

CON BLOQUES DE CONTENIDOS: "El Cuerpo: Habilidades y Destrezas" y "Los Juegos".

CON OTRAS ÁREAS: Educación Artística, Conocimiento del Medio y Lengua Castellana.

CON TEMAS TRANSVERSALES: "Educación para la Paz" y "Educación Ambiental".

3. OBJETIVOS

→ Recordar las normas básicas que habrá que respetar a lo largo del curso.

→ Adaptar las habilidades básicas al medio natural.

→ Favorecer la motivación mediante la realización de actividades al aire libre.

→ Integrarse en el grupo creando un clima de participación, desinhibición y cooperación.

4. CONTENIDOS

Conceptuales

- Tipos de juegos: de desinhibición, presentación, integración grupal y aventura.
- Normas de comportamiento e higiene.

Procedimentales

- Realización de juegos que fomenten el trabajo en equipo.
- Desarrollo de capacidades y habilidades motrices en diversos entornos.

Actitudinales

- Valoración del juego como medio de disfrute, de relación y de empleo del tiempo libre.
- Actitud de respeto hacia las normas y hacia los compañeros/as.

5. ACTIVIDADES - TEMPORALIZACIÓN

En la siguiente tabla se indican los contenidos a trabajar en cada sesión.

Sesión	Contenidos	Material
1	Juegos de presentación. Normas básicas.	pañuelos colores, tarjetas.
2	Juegos de desinhibición e integración grupal.	músicas, espalderas.
3	Pruebas ludo-atléticas en el medio natural.	plumas, aros, cuerdas.
4	Juegos de colaboración en la naturaleza.	pañoletas, cuerdas, hojas.

6. METODOLOGÍA

El juego.

7. EVALUACIÓN

Escala de valoración	1	2	3	4
Cumple las normas básicas.				
Emplea patrones motores básicos para adaptarse al juego.				
Coopera con todos los compañeros para conseguir un fin común.				
Respeta el entorno natural.				
Se integra en el grupo participando y desinhibiéndose frente a los demás.				

Entre los criterios de evaluación destacamos:

- Adoptar una actitud de respeto hacia las normas y compañeros/as.
- Participar en los juegos con interés y desinhibición.

En cada unidad trabajaremos en base a un lema, relevante desde un punto de vista social y educativo, ya que la **LOE**, en su artículo 19 establece entre sus principios pedagógicos una educación en valores, el lema de esta unidad es: POR UNA EDUCACIÓN SIN FRONTERAS.

UNIDAD DIDÁCTICA Nº 2: "DESCUBRIMOS NUESTRO CUERPO"

1. INTRODUCCIÓN

En esta unidad didáctica trabajaremos el conocimiento del cuerpo, este conocimiento debe incluir no sólo la identificación de las diversas partes del cuerpo sino también la interiorización de sus posibilidades de movimiento. El trabajo de conocimiento y control del propio cuerpo progresará desde una concienciación segmentaria hasta una concienciación global, intentando que el alumno/a tenga una imagen completa de sí mismo.

2. RELACIÓN CON EL CURRÍCULO

CON OBJETIVOS DE ETAPA: Se relaciona directamente con los objetivos "f", "k".

CON OBJETIVOS DE ÁREA: Se relaciona directamente con los objetivos 1 y 6.

CON OBJETIVOS DE CICLO: Se relaciona con los objetivos de ciclo 1 y 10.

CON BLOQUES DE CONTENIDOS: "El Cuerpo: Imagen y Percepción" y "Los Juegos".

CON OTRAS ÁREAS: Educación Artística, Conocimiento del Medio y Matemáticas.

CON TEMAS TRANSVERSALES: "Educación para la Paz" y "Educación Sexual".

3. OBJETIVOS

→ Reconocer las articulaciones del cuerpo y sus movimientos.

→ Identificar las diferentes partes del propio cuerpo y del de los demás.

→ Tomar conciencia de los movimientos de los diferentes segmentos corporales.

→ Representar su propio cuerpo de forma global .

→ Aceptar su propia realidad corporal y la de los demás compañeros/as sin distinción.

4. CONTENIDOS

Conceptuales

- Conocimiento de las diferentes partes del cuerpo.
- Identificación de las principales articulaciones del cuerpo.

Procedimentales

- Experimentación de las posibilidades de movimiento corporal.

♦ Representación del propio cuerpo de forma global.

Actitudinales

♦ Actitud de participación y cooperación con todos los compañeros/as para conseguir un fin.

♦ Aceptación de su propia realidad corporal y de la ajena.

5. ACTIVIDADES - TEMPORALIZACIÓN

En la siguiente tabla se indican los contenidos a trabajar en cada sesión.

Sesión	Contenidos	Material
1	¿Qué sabemos?. Partes del propio cuerpo.	globos, pañuelos, casete.
2	Partes del propio cuerpo y del de los demás.	petos, globos, aros, papel.
3	Movilización de los segmentos corporales.	casete.
4	Identificar las articulaciones y sus movimientos.	casete, pañuelos.
5	¿Qué aprendimos?. El cuerpo de forma global.	tiza, papel, pelotas, casete.

6. METODOLOGÍA

Resolución de problemas y el Juego.

7. EVALUACIÓN

Escala de valoración	1	2	3	4
Reconoce las partes de su cuerpo y de los demás				
Localiza las principales articulaciones.				
Desarrolla la movilidad de los diferentes segmentos corporales.				
Acepta su realidad corporal y la de sus compañeros/as.				

Entre los criterios de evaluación destacamos:

- Identificar las partes del cuerpo y las articulaciones.

- Experimentar las posibilidades de movimiento de las diferentes partes del cuerpo.

- Valorar su cuerpo y el de los demás sin distinción.

lema: DIFERENCIA EN LA SILUETA, IGUALDAD EN LA PERSONA.

UNIDAD DIDÁCTICA Nº 3: "CONTROLAMOS NUESTRO CUERPO"

1. INTRODUCCIÓN

Pretendemos, a través de esta unidad trabajar tres componentes del esquema corporal: actitud, respiración y relajación. Aunque dediquemos una unidad específica a estos elementos, la respiración la iremos trabajando a lo largo de todo el curso adoptando una progresión lenta y minuciosa y la relajación se llevará a cabo siempre en la fase de vuelta a la calma de cada sesión mediante juegos de baja intensidad, una peculiaridad de esta unidad es el hecho de incluir la utilización de las Nuevas Tecnologías como medio para canalizar el aprendizaje y la motivación del alumnado.

2. RELACIÓN CON EL CURRÍCULO

CON OBJETIVOS DE ETAPA: Se relaciona directamente con los objetivos "c", "h" y "k".

CON OBJETIVOS DE ÁREA: Se relaciona directamente con los objetivos 2 y 3.

CON OBJETIVOS DE CICLO: Se relaciona con los objetivos de ciclo 1 y 3.

CON BLOQUES DE CONTENIDOS: "El Cuerpo: Imagen y Percepción" y "Salud Corporal".

CON OTRAS ÁREAS: Lengua Castellana, Gallega y Extranjera.

CON TEMAS TRANSVERSALES: "Educación del Consumidor" y "Educación Sexual".

3. OBJETIVOS

→ Potenciar el conocimiento de la actitud y la postura.

→ Desarrollar la concienciación global de las actitudes y de la movilidad del eje corporal.

→ Experimentar el control de la respiración por boca y nariz.

→ Identificar, contraer y descontraer diferentes partes corporales.

4. CONTENIDOS

Conceptuales

- Actitud postural.
- Respiración: inspiración y espiración.
- Tono muscular: relajación y tensión muscular.

Procedimentales

- Realización de juegos de respiración y relajación global.
- Desarrollo global de actitudes y posturas correctas.

Actitudinales

- Valoración de la importancia de una correcta respiración y relajación para la vida.
- Actitud positiva ante la adquisición de hábitos de higiene postural.

5. ACTIVIDADES - TEMPORALIZACIÓN

En la siguiente tabla se indican los contenidos a trabajar en cada sesión.

Sesión	Contenidos	Material
1	Evaluación inicial. Investigación en la Red	pañuelos de colores.
2	Respiración.	hojas de papel. , espalderas.
3	Relajación.	colchonetas, radiocasete.
4	Actitud y postura.	pañoletas, cuerdas.
5	Evaluación Final.	pañuelos.

6. METODOLOGÍA

Descubrimiento guiado y Resolución de problemas.

7. EVALUACIÓN

Escala de valoración	1	2	3	4
Conoce posturas correctas.				
Controla la respiración en situaciones estáticas.				
Relaciona posturas con estados de relajación y tensión.				
Valora la importancia de la respiración y relajación en la vida cotidiana.				

Entre los criterios de evaluación destacamos:

- Conocer posturas idóneas para la salud.
- Relacionar estas posturas con los estados de relajación y tensión.

UNIDAD DIDÁCTICA Nº 4: "MI MEJOR LADO"

1. INTRODUCCIÓN

Trabajaremos la lateralidad, definida por **Vayer** como el predominio funcional de un lado del cuerpo humano sobre el otro determinado por la supremacía que un hemisferio cerebral ejerce sobre su homónimo. A estas edades dirigimos nuestra atención a afirmar la lateralidad, plantearemos para ello gran variedad de habilidades motrices con objetos: lanzamientos, punterías, golpeos, conducciones en las que la coordinación óculo motriz tiene una gran presencia.

2. RELACIÓN CON EL CURRÍCULO

CON OBJETIVOS DE ETAPA: Se relaciona directamente con los objetivos "g", "i" y "k".

CON OBJETIVOS DE ÁREA: Se relaciona directamente con los objetivos 1 y 5.

CON OBJETIVOS DE CICLO: Se relaciona con los objetivos de ciclo 1 y 2.

CON BLOQUES DE CONTENIDOS: "El Cuerpo: Imagen y Percepción" y "El Cuerpo: Habilidades y Destrezas".

CON OTRAS ÁREAS: Conocimiento del Medio y Matemáticas.

CON TEMAS TRANSVERSALES: "Educación del Consumidor" y "Educación Sexual".

3. OBJETIVOS

→ Afirmar la lateralidad corporal.

→ Mejorar las aptitudes perceptivo-motrices de lateralidad y direccionalidad.

→ Utilizar de forma apropiada los segmentos corporales.

→ Valorar el propio cuerpo y su riqueza de movimiento.

4. CONTENIDOS

Conceptuales

- Identificación de la diferencia funcional de los miembros derecho e izquierdo.
- Reconocimiento de la derecha e izquierda en el espacio próximo.

Procedimentales

- Afirmación de la lateralidad corporal.

♦ Experimentación de los movimientos de los segmentos dominantes.

Actitudinales

♦ Valoración del propio cuerpo y su riqueza de movimiento.

♦ Aceptación de la propia identidad corporal.

5. ACTIVIDADES - TEMPORALIZACIÓN

En la siguiente tabla se indican los contenidos a trabajar en cada sesión.

Sesión	Contenidos	Material
1	¿De donde partimos?. Evaluación inicial	pelotas de espuma, chapas.
2	Concienciación de la diferencia funcional.	papel. , espalderas.
3	Actividades con predominio óculo-manual.	pelotas, disco volador.
4	Actividades con predominio óculo-pédico.	aros, bolas de papel
5	¿Qué hemos aprendido?. Evaluación final.	picas, balones, periódico.

6. METODOLOGÍA

Descubrimiento guiado y Resolución de problemas.

7. EVALUACIÓN

Escala de valoración	1	2	3	4
Conoce su lateralidad.				
Lanza coordinadamente con la mano dominante.				
Conduce móviles con el pie dominante sin perder el control.				
Acepta su identidad corporal.				
Valora el propio cuerpo y su riqueza de movimiento.				

Entre los criterios de evaluación destacamos:

- Realizar movimientos coordinados con los miembros dominantes.

- Aceptar la realidad corporal.

UNIDAD DIDÁCTICA 5: "LA CONQUISTA DEL ESPACIO"

1. INTRODUCCIÓN

La percepción del entorno está formada por la espacialidad y la temporalidad, dicha percepción es importante no sólo para la Educación Física, sino también para la vida cotidiana, pues toda acción se desenvuelve en un espacio y en un tiempo determinado.

Con esta unidad y siguiendo a **Gutiérrez Delgado** perseguimos incidir en la adquisición de un adecuado dominio del espacio por medio de apreciación de distancias, orientaciones, punterías, trayectorias y velocidades.

2. RELACIÓN CON EL CURRÍCULO

CON OBJETIVOS DE ETAPA: Se relaciona directamente con lo objetivos "e", "g" y "k".

CON OBJETIVOS DE ÁREA: Se relaciona directamente con los objetivos 1, 3 y 6.

CON OBJETIVOS DE CICLO: Se relaciona con los objetivos 2 y 4.

CON BLOQUES DE CONTENIDOS: "El Cuerpo: Imagen y Percepción", " El Cuerpo: Habilidades y Destrezas".

CON OTRAS ÁREAS: Conocimiento del Medio, Matemáticas.

CON TEMAS TRANSVERSALES: "Educación Sexual" y "Educación Vial".

3. OBJETIVOS

→ Situar objetos en relación al propio cuerpo.

→ Orientarse en el espacio.

→ Apreciar distancias y el sentido de los desplazamientos propios.

→ Valorar la importancia de una buena percepción espacial en actividades cotidianas.

4. CONTENIDOS

Conceptuales

- Relaciones topológicas: arriba/ abajo, delante/ detrás.
- Conocimiento de la importancia de la percepción espacial en la vida.

Procedimentales

- Adaptación del movimiento a distancias, velocidades y trayectorias.

♦ Ocupación de diferentes espacios.

Actitudinales

♦ Autonomía y seguridad en los movimientos.

♦ Esfuerzo por mejorar en función de sus posibilidades.

5. ACTIVIDADES - TEMPORALIZACIÓN

En la siguiente tabla se indican los contenidos a trabajar en cada sesión.

Sesión	Contenidos	Material
1	¿Qué sabemos?. Relaciones topológicas.	pelotas y conos.
2	Apreciación de distancias.	periódicos y bolos.
3	Velocidades y trayectorias.	picas, señales tráfico.
4	Lanzamientos, punterías.	pelotas, aros, portería.
5	¿Qué hemos aprendido?.Circuito.	material anterior.

6. METODOLOGÍA

Asignación de tareas, Descubrimiento guiado y Resolución de problemas.

7. EVALUACIÓN

Escala de valoración	1	2	3	4
Se orienta respecto a objetos.				
Es capaz de seguir diferentes trayectorias establecidas.				
Lanza con precisión y a corta distancia un objeto.				
Valora la importancia que tiene la percepción espacial en la vida.				

Entre los criterios de evaluación destacamos:

- Comprender relaciones topológicas.

- Orientar su cuerpo en función de las referencias espaciales.

- Apreciar la eficacia de una óptima percepción para las actividades cotidianas.

UNIDAD DIDÁCTICA 6: "LA CONQUISTA DEL TIEMPO"

INTRODUCCIÓN

En cualquier tipo de movimiento que se realiza, hay que tener en cuenta las informaciones procedentes del mundo exterior referidas al espacio (unidad didáctica anterior), y también a las relaciones temporales. Con esta unidad pretendemos desarrollar la percepción temporal, definida como la toma de conciencia de los cambios que se suceden durante un periodo determinado, a través de diferentes actividades lúdicas relacionadas con duraciones, ritmos, simultaneidades, velocidades.

2. RELACIÓN CON EL CURRÍCULO

CON OBJETIVOS DE ETAPA: Se relaciona directamente con los objetivos "b", "f".

CON OBJETIVOS DE ÁREA: Se relaciona con los objetivos 1 y 8.

CON OBJETIVOS DE CICLO: Se relaciona con los objetivos 1, 7 y 10.

CON BLOQUES DE CONTENIDOS: "El Cuerpo: Imagen y Percepción", "El Cuerpo: Expresión y Comunicación".

CON OTRAS ÁREAS: Educación Artística (música) y Conocimiento del Medio.

CON TEMAS TRASVERSALES: "Educación para el Salud", "Educación para la Paz".

3. OBJETIVOS

→ Conocer ritmos e instrumentos sencillos.

→ Reproducir ritmos con el cuerpo y con instrumentos.

→ Sincronizar el movimiento corporal a estructuras rítmicas sencillas.

→ Mostrar creatividad en la creación de ritmos y movimientos.

4. CONTENIDOS

Conceptuales

♦ Relaciones temporales: ritmo, duración, cadencia.

♦ Músicas de otros continentes.

Procedimetales

♦ Ajuste del movimiento a diferentes ritmos.

♦ Empleo del cuerpo como vehículo de comunicación.

Actitudinales

♦ Concienciación de la importancia de una óptima percepción temporal en la vida cotidiana.

♦ Valoración de las posibilidades rítmicas de nuestro cuerpo.

5. ACTIVIDADES - TEMPORALIZACIÓN

En la siguiente tabla se indican los contenidos a trabajar en cada sesión.

Sesión	Contenidos	Material
1	Ritmo con el cuerpo y con instrumentos.	maracas, pandero, tambor
2	Ritmo con el cuerpo y con instrumentos	pelotas, picas, mini cadena.
3	Canciones infantiles..	mini cadena.
4	¿Qué hemos aprendido?. Danza rítmica.	mini cadena y espalderas.

6. METODOLOGÍA

El juego y Mando directo.

7. EVALUACIÓN

Escala de valoración	1	2	3	4
Identifica ritmos e instrumentos sencillos.				
Utiliza el cuerpo para expresarse.				
Reproduce correctamente ritmos con su cuerpo y con objetos.				
Valora las posibilidades rítmicas propias y de los demás compañeros/as.				

Entre los criterios de evaluación para esta unidad, destacamos:

- Identificar ritmos y responder con movimientos adecuados.

- Emplear el cuerpo para expresarse y comunicarse.

- Valorar las posibilidades rítmicas propias y de los demás.

UNIDAD DIDÁCTICA 7: "MÁS HÁBIL QUE NUNCA"

1. INTRODUCCIÓN

A través de esta unidad didáctica pretendemos mejorar las habilidades motrices básicas de nuestros alumnos/as, según **Guthrie**, la habilidad motriz es la capacidad adquirida por el aprendizaje para alcanzar los resultados fijados previamente, con un máximo de éxito y a menudo en un mínimo de tiempo, de energía o de los dos. A lo largo de las sesiones haremos hincapié en lo que **Sánchez Bañuelos** denomina habilidades básicas con el cuerpo (desplazamientos, saltos y giros) y con objetos (lanzamientos-recepciones).

2. RELACIÓN CON EL CURRÍCULO

CON OBJETIVOS DE ETAPA: Se relaciona directamente con los objetivos "b" y "e".

CON OBJETIVOS DE ÁREA: Se relaciona directamente con los objetivos 4 y 8.

CON OBJETIVOS DE CICLO: Se relaciona con los objetivos 6 y 8.

CON BLOQUES DE CONTENIDOS: "El Cuerpo: Habilidades y Destrezas".

CON OTRAS ÁREAS: Educación Artística y Lengua Castellana.

CON TEMAS TRANSVERSALES: "Educación para la Paz".

3. OBJETIVOS

→ Identificar las habilidades básicas.

→ Mejorar las habilidades motrices básicas de manera lúdica.

→ Emplear el cuerpo como medio de expresión.

→ Participar activamente.

→ Valorar las propias posibilidades y las de los demás.

4. CONTENIDOS

Conceptuales

- Habilidades motrices básicas: desplazamientos, saltos, giros, lanzamientos y recepciones.

Procedimentales

- Utilización del lenguaje corporal para comunicarse.
- Mejora de las habilidades motrices básicas.

Actitudinales

- Valoración de las propias posibilidades y las de los demás.
- Actitud de participación activa.

5. ACTIVIDADES - TEMPORALIZACIÓN

En la siguiente tabla se indican los contenidos a trabajar en cada sesión.

Sesión	Contenidos	Material
1	¿Qué sabemos?. Habilidades locomotoras	bancos, picas..
2	Habilidades locomotoras	colchonetas, aros, conos..
3	Habilidades locomotoras y manipuladoras	pelotas, espalderas, ..
4	¿Qué aprendimos?. Locomotoras y manipuladoras	pelotas, ranas, fotografías.

6. METODOLOGÍA

El juego.

7. EVALUACIÓN

Escala de valoración	1	2	3	4
Conoce e identifica las habilidades básicas.				
Resuelve problemas motrices utilizando patrones básicos.				
Utiliza el cuerpo para expresarse.				
Participa activamente en las actividades propuestas.				
Respeta y valora las posibilidades propias y las de los demás.				

Entre los criterios de evaluación destacamos:

- Identificar las habilidades motrices básicas.
- Mejorar el bagaje motor.
- Utilizar el lenguaje corporal para comunicarse.

Lema: POR UNA VIDA ACTIVA.

UNIDAD DIDÁCTICA 8: "AVENTURAS MOTRICES"

1. INTRODUCCIÓN

A través de esta unidad didáctica pretendemos mejorar los patrones motores básicos de nuestros alumnos/as empleando el cuerpo como vehículo de expresión, la esencia del cuento motor se basa en el movimiento, así, utilizaremos este movimiento para alcanzar la educación integral del alumno/a, *"el cuerpo y el movimiento como agentes educativos"* **(Cagigal),** celebraremos con esta unidad el DÍA DE LA PAZ.

2. RELACIÓN CON EL CURRÍCULO

CON OBJETIVOS DE ETAPA: Se relaciona directamente con los objetivos "b" y "e".

CON OBJETIVOS DE ÁREA: Se relaciona directamente con los objetivos 4 y 8.

CON OBJETIVOS DE CICLO: Se relaciona con los objetivos 6 y 8.

CON BLOQUES DE CONTENIDOS: "El Cuerpo: Habilidades y Destrezas" y "El cuerpo: Expresión y Comunicación".

CON OTRAS ÁREAS: Lengua Castellana y Educación Artística.

CON TEMAS TRANSVERSALES: "Educación para la Paz".

3. OBJETIVOS

→ Conocer cuentos motores.

→ Mejorar los patrones motores básicos.

→ Descubrir los recursos expresivos del cuerpo.

→ Desinhibirse ante los demás.

→ Respetar las capacidades expresivas de los demás.

4. CONTENIDOS

Conceptuales

- Diversidad de cuentos motores.
- Diferentes animales y protagonistas de un circo.

Procedimentales

- Empleo del cuerpo como vehículo de comunicación y expresión.

♦ Mejora del bagaje motor de nuestros alumnos/as.

Actitudinales

♦ Valoración de la expresividad como medio de relación.

♦ Desinhibición ante las diversas situaciones motrices.

5. ACTIVIDADES - TEMPORALIZACIÓN

En la siguiente tabla se indican los contenidos a trabajar en cada sesión.

Sesión	Contenidos	Material
1	¿Qué sabemos?. Dramatizaciones.	picas, folios, pinturas.
2	El cuerpo como vehículo expresivo.	aros, plumas, colchonetas.
3	Mejora de los patrones motores básicos.	caja de cartón, quitamiedos
4	¿Qué hemos aprendido?. Habilidades.	periódicos, pelotas, vallas.

6. METODOLOGÍA

El juego.

7. EVALUACIÓN

Escala de valoración	1	2	3	4
Conoce y muestra interés por aprender cuentos motores.				
Resuelve problemas motrices utilizando patrones básicos.				
Utiliza el cuerpo para expresarse.				
Muestra espontaneidad.				
Respeta y valora las capacidades expresivas de los demás.				

Entre los criterios de evaluación destacamos:

- Mejorar los patrones motores básicos.

- Expresarse utilizando como medios el cuerpo y el movimiento.

- Desinhibirse frente a los demás.

Lema: EN BUSCA DE UN MUNDO MEJOR.

UNIDAD DIDÁCTICA 9: " ARTE EN EL CARNAVAL"

1. INTRODUCCIÓN

Si pretendemos la educación integral como objetivo fundamental en Educación Primaria debemos considerar el cuerpo no sólo como un elemento de acción sino también de expresión y comunicación. Mediante esta unidad deseamos trabajar principalmente la actividad dramática, ya que creemos conveniente introducir progresivamente en la enseñanza la utilización del cuerpo como vehículo expresivo. Para ello, intentaremos estimular en los niños/as la soltura, la armonía, la creatividad y la libertad que traen como potencial, y es que, sólo a través de la integración de los recursos expresivos del cuerpo conseguiremos educar a nuestros alumnos/as globalmente.

2. RELACIÓN CON EL CURRÍCULO

CON OBJETIVOS DE ETAPA: Se relaciona directamente con los objetivos "b" y "e".

CON OBJETIVOS DE ÁREA: Se relaciona directamente con los objetivos 6 y 8.

CON OBJETIVOS DE CICLO: Se relaciona con los objetivos 6, 8 y 10.

CON BLOQUES DE CONTENIDOS: "El Cuerpo Expresión y Comunicación".

CON OTRAS ÁREAS: Educación Artística.

CON TEMAS TRANSVERSALES: "Educación para la Paz" y "Educación del Consumidor".

3. OBJETIVOS

→ Conocer las sombras chinescas.

→ Comprender sencillos mensajes corporales.

→ Utilizar el cuerpo como vehículo de expresión.

→ Desinhibirse ante los demás.

→ Respetar las capacidades expresivas de los demás.

4. CONTENIDOS

Conceptuales

- Sombras chinescas.
- Animales salvajes y principales protagonistas de un circo.

Procedimentales

- Empleo del cuerpo y del dibujo para expresar sentimientos.
- Dramatización de escenas sencillas.

Actitudinales

- Desinhibición y espontaneidad.

5. ACTIVIDADES - TEMPORALIZACIÓN

En la siguiente tabla se indican los contenidos a trabajar en cada sesión.

Sesión	Contenidos	Material
1	¿Qué sabemos?. Imitación de animales.	vallas, periódicos, aros
2	Dramatización de sencillas escenas.	plumas, aros, colchonetas..
3	Trabajo con sombras chinescas.	foco y tela
4	Expresión bajo la temática circense.	cuerdas, pelotas, folios.
5	¿Qué aprendimos?. Representación obra teatral.	gafas, regalo,

6. METODOLOGÍA

Métodos deductivos e inductivos.

7. EVALUACIÓN

Escala de valoración	1	2	3	4
Comprende sencillos mensajes corporales.				
Utiliza el cuerpo y el movimiento como vehículo de expresión.				
Muestra creatividad y espontaneidad en sus acciones.				
Valora y respeta las dramatizaciones de sus compañeros.				

Entre los criterios de evaluación destacamos:

- Expresarse a través del cuerpo.
- Cooperar con los compañeros/as respetando sus capacidades.

Lema: VALORA TU CUERPO, TU MENTE, TU PERSONA, SÉ TU MISMO.

UNIDAD DIDÁCTICA 10: "MAGIA EN EL CIRCO"

1. INTRODUCCIÓN

A lo largo de esta unidad y siguiendo a **Muska Mosston** vamos a trabajar principalmente el equilibrio estático, dinámico y con objetos enfocado desde una temática circense. El circo planteado de una forma global incide directamente en la educación integral de los alumnos/as puesto que las diferentes situaciones motrices que se plantean suponen un desarrollo personal en todos los ámbitos (afectivo, social, motor y cognitivo). Se pretende, que el mundo del circo favorezca el crecimiento del alumno/a como persona.

2. RELACIÓN CON EL CURRÍCULO

CON OBJETIVOS DE ETAPA: Se relaciona directamente con lo objetivos "b" y "f".

CON OBJETIVOS DE ÁREA: Se relaciona directamente con los objetivos 4, 6 y 8.

CON OBJETIVOS DE CICLO: Se relaciona con los objetivos 5, 8 y 10.

CON BLOQUES DE CONTENIDOS: "El Cuerpo: Habilidades y Destrezas".

CON OTRAS ÁREAS: Matemáticas, Educación Artística y Lengua Castellana.

CON TEMAS TRANSVERSALES: "Educación para la Paz" y "Educación del Consumidor".

3. OBJETIVOS

→ Diferenciar el equilibrio estático del dinámico.

→ Mejorar el equilibrio.

→ Descubrir los recursos expresivos del cuerpo mediante el movimiento.

→ Cooperar con todos los compañeros/as para conseguir un mismo fin.

→ Valorar la importancia de un óptimo equilibrio en las actividades cotidianas.

4. CONTENIDOS

Conceptuales

- Equilibrio estático, dinámico, con objetos.
- Evolución del circo como fenómeno social.

Procedimentales

- Mejora de las capacidades condicionantes: equilibrio y coordinación.

- Utilización del cuerpo como medio de expresión.

Actitudinales

- Actitud participativa y cooperativa con todos los compañeros/as.
- Valoración de la importancia del equilibrio en las actividades habituales.

5. ACTIVIDADES - TEMPORALIZACIÓN

En la siguiente tabla se indican los contenidos a trabajar en cada sesión.

Sesión	Contenidos	Material
1	¿Qué sabemos?. Equilibrio dinámico y estático.	cuerdas.
2	Equilibrio estático.	
3	Equilibrio dinámico.	bancos, zancos y pelotas.
4	Equilibrio estático, dinámico y con objetos.	aros, bancos, conos..
5	¿Qué hemos aprendido?.Valoramos lo aprendido.	pinturas, zancos, pelotas.

6. METODOLOGÍA

El juego y la Asignación de tareas.

7. EVALUACIÓN

Escala de valoración	1	2	3	4
Diferencia los tipos de equilibrio.				
Controla el cuerpo en situaciones estáticas y dinámicas.				
Utiliza el cuerpo y el movimiento como vehículo de expresión.				
Valora la importancia de un adecuado equilibrio.				

Entre los criterios de evaluación destacamos:

- Conocer los beneficios que nos aporta un óptimo equilibrio para las actividades cotidianas.
- Mejorar el equilibrio.
- Expresarse a través del lenguaje corporal.

Lema: POR EL DERECHO A VIVIR UNA INFANCIA FELIZ.

UNIDAD DIDÁCTICA 11: SI UNA BUENA SALUD QUIERES TENER.....

1. INTRODUCCIÓN

Esta unidad didáctica va dirigida a la creación de hábitos duraderos que mejoren la salud y la calidad de vida de los niños/as, haciendo hincapié en éstos y en otros aspectos relacionados con la seguridad a la hora de realizar Educación Física, haremos coincidir esta unidad con EL DÍA MUNDIAL DE LA SALUD. De nuevo haremos uso del ordenador para su desarrollo respondiendo con ello, a la nueva sociedad tecnológica y dinámica en la que vive nuestro alumnado.

2. RELACIÓN CON EL CURRÍCULO

CON OBJETIVOS DE ETAPA: Se relaciona directamente con los objetivos “a”, “d”y “k“.

CON OBJETIVOS DE ÁREA: Se relaciona directamente con los objetivos 2, 3 y 5.

CON OBJETIVOS DE CICLO: Se relaciona con los objetivos 1 y 9.

CON BLOQUES DE CONTENIDOS: “El Cuerpo: Imagen y Percepción“, “Salud Corporal”.

CON OTRAS ÁREAS: Lengua Castellana y Conocimiento del Medio.

CON TEMAS TRANSVERSALES: “ Educación para la Salud”, “ Educación del Consumidor”.

3. OBJETIVOS

→ Conocer los efectos beneficiosos de la actividad física en la salud.

→ Adoptar posturas correctas en la vida cotidiana y en la actividad física.

→ Valorar la necesidad de las medidas de higiene corporal.

→ Tomar conciencia de los beneficios de una alimentación equilibrada.

4. CONTENIDOS

Conceptuales

- Efectos beneficiosos de la actividad física.
- Hábitos saludables: alimentación, postura, higiene corporal.

Procedimentales

- Adopción de hábitos higiénicos y posturales.

♦ Dosificación del esfuerzo durante la actividad.

Actitudinales

♦ Responsabilidad hacia el cuidado del cuerpo.

♦ Valoración de la importancia de las conductas saludables.

5. ACTIVIDADES - TEMPORALIZACIÓN

En la siguiente tabla se indican los contenidos a trabajar en cada sesión.

Sesión	Contenidos	Material
1	¿Qué sabemos?. Investigamos en la red.	ordenadores.
2	Beneficios de la actividad física y ropa adecuada.	puzzles, pelotas, conos.
3	Hábitos alimenticios correctos.	latas y envases.
4	Adopción de buenas posturas.	colchonetas.
5	¿Qué hemos aprendido?.Valoración aprendizaje.	todo el material.

6. METODOLOGÍA

Resolución de problemas y Descubrimiento guiado.

7. EVALUACIÓN

Escala de valoración	1	2	3	4
Conoce alimentos básicos saludables.				
Utiliza la vestimenta adecuada para la actividad física.				
Adopta posturas correctas.				
Mantiene los hábitos higiénicos mínimos después de realizar ejercicio.				

Entre los criterios de evaluación destacamos:

- Ser capaz de señalar algunos beneficios que reporta la actividad física.

- Adoptar posturas correctas en la realización de las tareas propuestas.

- Diferenciar alimentos adecuados a una buena dieta de los que no lo son.

Lema: CONTRA LA OBESIDAD INFANTIL [Anexo XIII].

UNIDAD DIDÁCTICA 12: APRENDEMOS JUGANDO

1. INTRODUCCIÓN

El punto central de la unidad será el componente lúdico aunque se pretende conseguir algún objetivo más que jugar por el placer de jugar, es decir se utilizará el juego como medio educativo planteado con determinados objetivos de aprendizaje. Se les pedirá a los niños que elijan juegos de los leídos en los libros de la biblioteca del centro para elaborar un fichero, favoreciendo con ello el fomento a la lectura que promueve la **LOE** y coincidiendo con el DÍA DEL LIBRO (23 de abril).

2. RELACIÓN CON EL CURRÍCULO

CON OBJETIVOS DE ETAPA: Se relaciona directamente con los objetivos "f" y "j".

CON OBJETIVOS DE ÁREA: Se relaciona directamente con los objetivos 5 y 6.

CON OBJETIVOS DE CICLO: Se relaciona con los objetivos 6 y 10.

CON BLOQUES DE CONTENIDOS: "Los Juegos".

CON OTRAS ÁREAS: Educación Artística, Lengua Castellana y Conocimiento del Medio.

CON TEMAS TRANSVERSALES: " Educación para la Paz", " Educación para el Ocio".

3. OBJETIVOS

→ Conocer variedad de juegos.

→ Adecuar el movimiento a distintos ritmos.

→ Trabajar la interculturalidad a través del juego.

→ Realizar juegos con material alternativo fomentando la creatividad.

→ Reconocer el juego como medio de disfrute, de relación y de empleo del tiempo libre.

4. CONTENIDOS

Conceptuales

♦ Tipos de juegos: sensoriales, con material alternativo, con música, multiculturales.

♦ Beneficios que aporta el juego en la salud.

Procedimentales

♦ Desarrollo de los patrones motores básicos adaptándose a los requerimientos del juego.

- Adecuación del movimiento a diversos ritmos y canciones.

Actitudinales

- Participación y cooperación con los compañeros/as para conseguir un fin común.
- Valoración del juego como medio de comunicación con los demás.

5. ACTIVIDADES - TEMPORALIZACIÓN

En la siguiente tabla se indican los contenidos a trabajar en cada sesión.

Sesión	Contenidos	Material
1	¿Qué sabemos?. Juegos sensoriales.	cuerdas.
2	Juegos interculturales.	canicas, globos, pelotas
3	Juegos con material alternativo.	cinta, alfombras, goma .
4	Juegos cantados.	música, colchonetas
5	¿Qué hemos aprendido?. Juegos rítmicos.	música, espalderas

6. METODOLOGÍA

El juego

7. EVALUACIÓN

Escala de valoración	1	2	3	4
Conoce diversidad de juegos.				
Emplea patrones motores básicos para adaptarse al juego.				
Coopera con todos los compañeros/as sin distinción.				
Valora el juego como medio de relación y de empleo del tiempo libre.				

Entre los criterios de evaluación destacamos:

- Mejorar las habilidades y destrezas motrices.
- Conocer variedad de juegos para aplicarlos en el tiempo de ocio.
- Valorar el juego como medio de expresión.

Lema: NO PUEDE HABER EDUCACIÓN SIN JUEGO, NI JUEGO SIN EDUCACIÓN.

UNIDAD DIDÁCTICA13: "UN VIAJE POR EL MUNDO A TRAVÉS DE LAS DANZAS"

1. INTRODUCCIÓN

A través de la presente unidad pretendemos abordar la interculturalidad, para ello llevaremos a cabo una danza característica de cada continente, les grabaremos en video y seleccionaremos varias fotografías para la revista escolar arco-iris, con el fin de que todos los miembros de la comunidad educativa valoren el patrimonio social y cultural de otros países, "la danza como arte natural y primordial tiene un valor universal y simbólico porque expresa un sentimiento, un estado del alma". **Gabriela Berdes.**

2. RELACIÓN CON EL CURRÍCULO

CON OBJETIVOS DE ETAPA: Se relaciona directamente con los objetivos "b" y "j".

CON OBJETIVOS DE ÁREA: Se relaciona directamente con los objetivos 1 y 8.

CON OBJETIVOS DE CICLO: Se relaciona con los objetivos 4, 7 y 8.

CON BLOQUES DE CONTENIDOS: "El cuerpo: Imagen y Percepción" y "El cuerpo: Expresión y Comunicación".

CON OTRAS ÁREAS: Educación Artística y Conocimiento del Medio.

CON TEMAS TRANSVERSALES: "Educación para la Paz" y "Educación Sexual".

3. OBJETIVOS

→ Conocer y aprender danzas de distintos países.

→ Mejorar la coordinación dinámica general.

→ Adecuar el movimiento a las diferentes músicas.

→ Valorar la importancia del baile y del ejercicio en la salud.

4. CONTENIDOS

Conceptuales

- El cuerpo: expresión y sensaciones.
- Manifestaciones culturales de distintos países.

Procedimentales

- Ajuste del movimiento a distintos ritmos.

♦ Empleo de las danzas como medio para explorar el propio cuerpo.

Actitudinales

♦ Actitud positiva ante las diferencias de otras culturas.

♦ Valoración de la expresividad como medio de relación.

5. ACTIVIDADES - TEMPORALIZACIÓN

En la siguiente tabla se indican los contenidos a trabajar en cada sesión.

Sesión	Contenidos	Material
1	¿Qué sabemos? Danza hindú (Asía).	brillantes.
2	Danza maorí (Oceanía).	picas, tela blanca
3	Flamenco (Europa).	flor, telas negras.
4	Ritual africano (África).	timbales, maracas
5	¿Qué hemos aprendido?. Baile brasileño (América).	lazos amarillos y verdes.

6. METODOLOGÍA

El juego y Mando directo.

7. EVALUACIÓN

Escala de valoración	1	2	3	4
Conoce y aprende distintas danzas y ritmos.				
Se mueve coordinadamente.				
Utiliza el cuerpo como vehículo de expresión.				
Valora el baile y el ejercicio como medio para mejorar la salud.				
Muestra interés y respeto por la cultura de otros países				

Entre los criterios de evaluación destacamos:

- Expresarse y comunicarse con el cuerpo.

- Bailar coordinadamente tomando conciencia del propio cuerpo.

Lema: LA DIVERSIDAD DE ETNIAS ENRIQUECE, LUCHA CONTRA EL RACISMO.

UNIDAD DIDÁCTICA14: "ECOLOGÍA EN LA ESCUELA"

1. INTRODUCCIÓN

A través de esta unidad didáctica pretendemos enriquecer el aprendizaje motor de nuestros alumnos/as mediante la utilización de diferentes materiales de desecho, haciendo coincidir esta unidad con EL DÍA MUNDIAL DEL MEDIO AMBIENTE. Si, tradicionalmente se ha optado por el empleo de materiales convencionales, nosotros en la actualidad, pretendemos hacer cada vez más partícipe desde nuestra área a los materiales de desecho, definidos por **Carlos Velázquez** como aquellos productos considerados inservibles, además, nuestro alumnado podrá participar en el proyecto de Voz Natura que oferta La Voz de Galicia desde el cual se concienciará de la importancia de conservar el medio ambiente [Anexo XIII].

2. RELACIÓN CON EL CURRÍCULO

CON OBJETIVOS DE ETAPA: Se relaciona directamente con los objetivos "f" y "i".

CON OBJETIVOS DE ÁREA: Se relaciona directamente con los objetivos 6 y 7.

CON OBJETIVOS DE CICLO: Se relaciona con los objetivos 10 y 11.

CON BLOQUES DE CONTENIDOS: "El cuerpo: Habilidades y Destrezas" y "Los Juegos"

CON OTRAS ÁREAS: Educación Artística y Conocimiento del Medio.

CON TEMAS TRANSVERSALES: "Educación Ambiental" y "Educación del Consumidor".

3. OBJETIVOS

→ Conocer los beneficios que posee la reutilización de material.

→ Emplear en las sesiones distintos materiales a partir de productos de desecho.

→ Mejorar las habilidades y capacidades físicas con material no convencional.

→ Favorecer la motivación y creatividad mediante la realización de juegos con este material.

4. CONTENIDOS

Conceptuales

♦ Conocimiento de los problemas que los productos de desecho generan al medio ambiente.

♦ Juegos nuevos como alternativa a los contenidos tradicionales en Educación Física.

Procedimentales

- Mejora de las capacidades y habilidades motrices.
- Experimentación de sensaciones diferentes al trabajar con materiales distintos.

Actitudinales

- Valoración de los beneficios que conlleva la reutilización de material.
- Concienciación del desproporcionado consumo que todos generamos.

5. ACTIVIDADES - TEMPORALIZACIÓN

En la siguiente tabla se indican los contenidos a trabajar en cada sesión.

Sesión	Contenidos	Material
1	¿Qué sabemos?. Juegos con papeles.	periódicos.
2	Juegos con cartones.	cartones.
3	Juegos con latas, envases y botellas.	latas, envases, botellas.
4	Juegos con elementos naturales.	hojas, piedritas, piñas
5	¿Qué hemos aprendido?. Circuito ecológico.	todo el material.

6. METODOLOGÍA

El juego y Resolución de problemas.

7. EVALUACIÓN

Escala de valoración	1	2	3	4
Conoce los beneficios que nos aporta la reutilización de material .				
Mejora las habilidades y capacidades físicas con material no convencional.				
Coopera con todos los compañeros/as para conseguir un mismo fin.				
Respeta y colabora en la conservación del medio ambiente.				

Entre los criterios de evaluación destacamos:

- Conocer los efectos positivos de darle otros usos distintos a los productos.
- Mejorar los patrones motores con ayuda del material de desecho.

Lema: APORTA TU GRANITO DE ARENA, EL PLANETA TE LO AGRADECERÁ.

UNIDAD DIDÁCTICA 15: "EL GRAN SAFARI"

1. INTRODUCCIÓN

Esta última unidad del curso se llevará a cabo en el entorno natural, las actividades en la naturaleza suponen uno de los medios más eficaces para la formación integral de la persona ya que nos permite conocer el medio que nos circunda, desarrollar aspectos relacionales y convivenciales a la vez que podamos inculcar en nuestros alumnos/as el amor y respeto a nuestro patrimonio natural y cultural, lo que hace que estas actividades tengan unas posibilidades educativas ilimitadas. "La naturaleza prevé de manera que en cualquier parte halles algo que aprender". **(Rousseau)**

2. RELACIÓN CON EL CURRICULO

CON OBJETIVOS DE ETAPA: Se relaciona directamente con los objetivos "f" , "i".

CON OBJETIVOS DE ÁREA: Se relaciona directamente con los objetivos 6 y 7.

CON OBJETIVOS DE CICLO: Se relaciona con los objetivos de ciclo 6 y 10.

CON BLOQUES DE CONTENIDOS: "El Cuerpo: Habilidades y Destrezas" y "Los Juegos".

CON OTRAS ÁREAS: Educación Artística, Matemáticas y Conocimiento del Medio.

CON TEMAS TRANSVERSALES: "Educación Ambiental", "Educación para la Paz" .

3. OBJETIVOS

→ Conocer y vivenciar juegos de exterior.

→ Adaptar las habilidades básicas al medio natural.

→ Experimentar sensaciones diferentes.

→ Cooperar con todos los compañeros/as para conseguir un mismo fin.

→ Amar a la naturaleza a través de su conocimiento, disfrute y conservación.

4. CONTENIDOS

Conceptuales

♦ Tipos de juegos: de campo, exploración y aventura.

♦ Fenómenos naturales: desierto del Sahara, Everest, Amazonas.

Procedimentales

♦ Realización de juegos en un medio diferente al habitual.

♦ Utilización de estrategias básicas de juego, priorizando la cooperación.

Actitudinales

♦ Respeto y conservación hacia el medio ambiente.

♦ Cooperación y participación activa en las diversas aventuras motrices.

5. ACTIVIDADES - TEMPORALIZACIÓN

Sesión	Contenidos	Material
1	¿Qué sabemos?. Juegos en arena.	palmeras, aros, cactus..
2	Juegos populares en la zona arbolada del patio.	cuerda, pelotas.
3	Juegos ludo-atléticos en el medio natural.	picas, chapas, cuerdas.
4	Juegos de exploración en la naturaleza.	cuerdas, hojas, pañoletas
5	¿Qué aprendimos?. Juego de aventura y rastreo.	mapas y serpentinas

6. METODOLOGÍA

El juego.

7. EVALUACIÓN

Escala de valoración	1	2	3	4
Conoce fenómenos naturales.				
Adapta las habilidades motrices básicas al medio natural.				
Vivencia con interés juegos de exterior.				
Colabora en la mejora de la naturaleza.				

Entre los criterios de evaluación planificados para esta unidad destacamos:

- Desenvolverse eficazmente en medios diferentes al habitual.

- Participar activamente en las aventuras motrices.

- Respetar y conservar el entorno natural.

Lema: POR UNOS BOSQUES LLENOS DE VIDA.

7. METODOLOGÍA

La metodología es un elemento no prescriptivo del currículo, por tanto su elección queda en manos del docente, en esta programación se adaptará a las características y necesidades del alumnado, a los objetivos propuestos y a las directrices metodológicas establecidas en el Proyecto Curricular de Centro [Anexo XIV]

Siguiendo a **José Luis Chinchilla Minguet**. Definimos método como el camino para alcanzar los objetivos de una acción, constituyendo un recurso didáctico mediante el cual el profesor conduce la enseñanza-aprendizaje con el propósito de que en sus alumnos/as se operen cambios conductuales.

La metodología que impartiremos a lo largo de las sesiones se basará en el proceso por encima del resultado (siguiendo a **Joaquín Rodríguez Rico** en su libro *Desarrollo curricular de Educación Física para Enseñanza Primaria),* tendrá las siguientes características :

⇒ FLEXIBLE : Permitiendo ajustar las propuestas al ritmo de cada uno.

⇒ ACTIVA : Donde el alumno/a sea el protagonista de su propia acción.

⇒ PARTICIPATIVA : Promoverá el trabajo en equipo fomentando el compañerismo y la cooperación.

⇒ INDUCTIVA : Favoreciendo el autoaprendizaje.

⇒ INTEGRADORA : Proponiendo aglutinar en un solo proceso las técnicas, habilidades y destrezas propias de la Educación Física.

⇒ LÚDICA : Presentando propuestas en forma de juegos en las que todos participen de manera espontánea.

⇒ CREATIVA : Estimulando la creatividad del alumnado, huyendo de modelos repetitivos o estereotipados.

Partiendo de la idea de que el proceso didáctico no se debe reducir a la utilización de un único método, ya que no existe ninguno de carácter universal pues todos ellos aplicados correctamente son válidos, diremos que , en nuestras sesiones vamos a emplear :

➢ MÉTODOS DEDUCTIVOS: basados en el aprendizaje por recepción, como el método de mando directo o de asignación de tareas, los cuales, no deben suponer la simple construcción de automatismos a partir de la repetición mecánica y estereotipada de patrones motores sino que, debemos basar esta metodología en contextos atractivos y motivantes y al mismo tiempo, acompañados de una verbalización explicativa y significativa del maestro, que ayude al alumnado a relacionar el nuevo aprendizaje con los anteriores.

➢ MÉTODOS INDUCTIVOS: basados en el aprendizaje por descubrimiento o por búsqueda como la resolución de problemas y el descubrimiento guiado, más significativos en esta etapa, ya que pretenden que los alumnos exploren, descubran y crean en sus posibilidades de movimiento. Que vayan adquiriendo por sí mismos, y ayudados por el maestro, esquemas motrices más eficaces; que resuelvan los problemas creados en situaciones reales o simuladas, aplicando los movimientos más adecuados a cada situación.

Siguiendo a **Muska Mosston** y a **Delgado Noguera**, pertenecientes ambos a la escuela americana, diremos que en nuestras sesiones prevalecerán los métodos inductivos ya que a través de ellos favorecemos que el niño descubra por sí mismo qué comportamiento motor es el adecuado para resolver el problema que se plantea rompiendo así con la "barrera cognitiva" que impide la evolución de la persona.

Se utilizará el **JUEGO** como recurso metodológico para la consecución de los objetivos de manera motivante y placentera. El juego se puede definir según **Cagigal** como una "acción libre, espontánea, desinteresada e intrascendente, que surge de la vida habitual, se efectúa en una limitación espacial y temporal, conforme a unas determinadas reglas, establecidas o improvisadas, y cuyo elemento informativo es la tensión". Su utilización es recomendable en Educación Primaria, debido a muchas de sus características: educativo, motivante, libre, gratuito, ficticio, incierto, creativo, coeducativo, integral, significativo y espontáneo. Concluiremos resaltando en la idea de que: *juego y educación son compatibles y necesarios por lo que constituyen un binomio inseparable en el crecimiento de cualquier alumno/a.*

8. ALUMNADO CON NECESIDADES ESPECÍFICAS DE APOYO EDUCATIVO.

De acuerdo a lo postulado en el artículo 1 de la Ley Orgánica 2/2006, de 3 de mayo, de Educación, nuestro Sistema Educativo tiene como fines la **calidad de la educación** y la **equidad**, a través de la cual se garantiza la igualdad de oportunidades, la inclusión educativa y la no discriminación, en el Titulo II " Equidad en la Educación", alude al término de necesidades específicas de apoyo educativo y en él, incluye:

- Al alumnado con integración tardía en el sistema educativo español**:** Se debe favorecer la incorporación al sistema educativo del alumnado que por proceder de otros países o por cualquier otro motivo, se incorpore de forma tardía al sistema educativo español. Las medidas de atención específica están reguladas mediante la **Orden 20 de febrero de 2004.**

- Al alumnado con altas capacidades intelectuales**:** Se adoptarán medidas para identificar y evaluar sus necesidades de forma temprana. Se establecerán normas para flexibilizar la duración de cada etapa mediante lo postulado en la **Orden 28 de octubre de 1996.**

- Al alumnado con necesidades educativas especiales**:** Las presenta aquel alumno/a que en un periodo o en toda su escolarización, necesita determinados apoyos y atenciones educativas específicas derivadas de discapacidad o trastornos graves de conducta. Entre la legislación al respecto destacamos**: Decreto 320/96, de 26 de julio, Orden 27 de diciembre de 2002** y **Orden 31 de octubre de 1996.**

La presente Ley (artículo 71) se basa en el principio de [illegible] el cual establece que todos los alumnos/as que tengan la necesidad o la dificultad que sea, serán atendidos a través de las medidas más ordinarias posibles y solamente en caso de que sea necesario se emplearán medidas extraordinarias para subsanar las extremas necesidades educativas, con ello, favorecemos la igualdad y socialización, también se basa en el principio de [illegible] a través del cual se buscará la participación activa de este alumnado con necesidades, trabajando bajo la noción de "APRENDER JUNTOS" que rige toda escolarización integradora.

Nuestra Programación **dará respuesta adecuada a todos los alumnos/as**. Los niños tienen muy diferentes posibilidades motrices, debido a su experiencia previa. Nos adaptaremos a sus ritmos de aprendizaje, nivel físico, conocimientos previos, bagaje motor, a través de una **enseñanza lo más individualizada** posible.

En general, debemos conocer las capacidades y potencialidades funcionales de movimiento de cada alumno, pero en especial de aquellos niños/as con algún tipo de retraso, problema de salud o dificultad. Tenemos que estar preparados para saber dar respuesta a los posibles problemas que nos podemos encontrar en el aula, ya sea por algún tipo de necesidad permanente, o alguna otra que surja en algún momento dado. En nuestro Sistema Educativo se pueden llevar a cabo varias Medidas de Atención a la Diversidad (M.A.D.), según la **orden 6 de octubre de 1995,** entre las que destacamos:

♠ El REFUERZO EDUCATIVO, es una medida ordinaria que consiste en la modificación de los elementos no prescriptivos del Currículo: secuenciación de contenidos, formas e instrumentos de evaluación, organización del aula, agrupamientos de los alumnos/as y todo aquello incluido dentro del ámbito de la metodología.

♠ La ADAPTACIÓN CURRICULAR INDIVIDUALIZADA, es una medida extraordinaria que modifica uno ó más elementos prescriptivos del Currículo, que son objetivos, contenidos y criterios de evaluación. Necesitan autorización de la Inspección Educativa.

En este curso, como ya comentamos, no hay ningún alumno/a con necesidades específicas de apoyo educativo. No obstante, si a lo largo del año académico se incorporara al grupo algún niño/a que necesitara algún tipo de apoyo, contaríamos con la colaboración del Departamento de Orientación, pues, como establece el **Decreto 120/1998, de 23 de abril**, por el que se regula la orientación educativa y profesional en la Comunidad Autónoma de Galicia, todo centro docente, como el nuestro, con más de 12 unidades debe disponer de este órgano, el cual nos proporcionará asesoramiento, apoyo y los recursos que necesitemos. Finalizaremos este apartado con una cita de **César Coll**, *"debemos educar para la diversidad y no a pesar de la diversidad pues todos y cada uno de nuestros alumnos y alumnas son diferentes".*

9. EVALUACIÓN

Evaluar en educación no sólo es importante, sino que es necesario e imprescindible desde varios puntos de vista :

⇒ El alumno necesita ser orientado de sus progresos y de su evolución.

⇒ La familia necesita ser informada del proceso educativo de sus hijos.

⇒ El profesor necesita constatar la eficacia de su acción didáctica.

⇒ La sociedad tiene que controlar la eficacia del sistema educativo.

La evaluación educativa, según **Lagardera**, se define como " el mecanismo de recogida de información que una vez valorada debe servir para tomar determinada decisiones".

Para planificar la evaluación nos basaremos en lo establecido en la **Orden 6 de mayo de 1993,** por la que se regula la evaluación en Educación Primaria en la Comunidad Autónoma de Galicia, así como en la opinión de autores como **Domingo Blázquez**.

En esta etapa y como establece el artículo 2 de la presente orden, la evaluación será :

GLOBAL: teniendo como referente el conjunto de capacidades expresadas en los objetivos generales de etapa y los criterios de evaluación establecidos para las diferentes áreas.

CONTINUA : formando parte integrante del proceso educativo mediante el cual se recoge la información de manera permanente acerca del proceso de enseñanza-aprendizaje.

FORMATIVA: orientándose a la mejora de los procesos y resultados de la intervención educativa, permitiendo la adecuación de la programación a la madurez, ritmo de aprendizaje y rendimiento del alumno y alumna.

¿ QUÉ EVALUAR ?: LOS CRITERIOS DE EVALUACIÓN

Podríamos distribuir los contenidos a evaluar en los ámbitos siguientes: área **cognitiva** (contenidos conceptuales sobre aspectos particulares de cada unidad didáctica); área **afectiva** (actitudes, participación, colaboración, esfuerzo, integración, aceptación de normas,...) y área **motriz** (habilidades y destrezas motrices, eficiencia motora,...).Todos estos contenidos serán evaluados utilizando como indicadores los criterios de evaluación.

¿ CÓMO EVALUAR ?: LOS INSTRUMENTOS DE EVALUACIÓN.

Para evaluar vamos a emplear prioritariamente la evaluación cualitativa, a partir de la cual pretendemos conocer el significado de todo el proceso, aunque en algunos casos también podremos recurrir a la evaluación cuantitativa pero con la finalidad de comprobar el nivel madurativo y motriz del alumnado con respecto a su media de edad. El elevado número de aspectos a tener en cuenta para la acertada valoración del alumno/a y la imposibilidad de medir buena parte de ellos nos llevará a utilizar frecuentemente el uso de la **observación sistemática** mediante capacidades (cognitivas, motrices y actitudinales) que serán registradas en una escala de valoración, como complemento se utilizará el registro anecdótico donde se describirán comportamientos que resulten importantes para la evaluación [Anexo XV], así como cualquier incidencia de la sesión que nos pueda servir como autoevaluación, ya que no sólo debemos evaluar el aprendizaje de los alumnos/as sino que, como establece el artículo 5 de la Orden de evaluación, también debemos evaluar la práctica docente con el fin de mejorarla.

¿ CÚANDO EVALUAR ?: MOMENTOS DE EVALUACIÓN

Al concebir la evaluación como un proceso global deberemos utilizar la evaluación continua, lo que implica un control permanente del rendimiento del alumnado por medio de, una:

♦ Evaluación inicial: aporta la información del punto de partida de los alumnos/as siempre que se inicie una nueva etapa de conocimientos o contenido y así se propone una enseñanza lo más ajustada a las características de cada uno.

♦ Evaluación formativa: de acuerdo con **Bloom**, tiene por finalidad el seguimiento y adaptación del proceso educativo contribuyendo a mejorar su calidad.

♦ Evaluación final: **Scriven** la denomina sumativa y consiste en la comprobación de haber alcanzado los objetivos propuestos en base a unos criterios de evaluación.

Todo ello hace posible que la nuestra, sea una EVALUACIÓN CRITERIAL, por medio de la cual el resultado obtenido por un alumno/a se comparará con otros resultados conseguidos por él mismo en circunstancias anteriores pudiendo de este modo valorar su progreso.

10. BIBLIOGRAFÍA

Entre la amplia variedad de bibliografía consultada , destacamos :

- Relacionada con el ámbito de la **EDUCACIÓN FÍSICA**

- Alfonso , J. (1985). Expresión y creatividad corporal. Valencia: Grupo dissadte
- Blázquez, D. (1986).Iniciación a los deportes de equipo. Barcelona: Roca
- Blázquez (1990). Evaluar en Educación Física. Barcelona: INDE
- Castañer y Camerino (1992). Unidades didácticas para primaria I : Bailando en la escuela, el cuerpo expresivo, material alternativo y percepción. Barcelona:INDE
- Le Boulch , J. (1987) .La educación psicomotriz en la escuela primaria . La psicocinética en la edad escolar. Barcelona : Paidós.
- Marcos, J. (1989) . Salud y deporte para todos. Eudema: Madrid
- Múgica (1987) . Colección Carpetas de Recursos Didácticos : El juego. Vicens Vives: Madrid
- Orlick (1978) . Juegos y deportes cooperativos. Madrid: Popular.
- Ruiz Pérez (1987). Desarrollo motor y actividades físicas. Madrid: Gymnos.
- Vayer (1972) . El diálogo corporal. Barcelona: Científico-médica .

- Relacionada con la **DIDÁCTICA DE ÁREA**

- Castañer y Camerino(1991). La educación Física en la enseñanza Primaria. Una propuesta curricular para la reforma.Barcelona: INDE.
- Contreras Jordán. (1998). Didáctica de la educación física. Un enfoque constructivista. Barcelona: INDE.
- Mosston , M. (1978). La enseñanza de la Educación Física. Buenos Aires: Paidós.
- Pieron , M. (1988). Didáctica de las actividades físicas y deportivas. Madrid: Gymnos.
- Sánchez Bañuelos, F. (1984). Bases para una didáctica de la Educación Física y el deporte. Madrid: Gymnos.

- **PÁGINAS WEB Y CD ROM**

- www. eduxunta. es
- www.efdeportes.es
- www.cuadernosdepedagogia.com
- www.edu.aytolacoruna.es
- ww.profes.net
- www.mec.es
- CD rom " 1800 actividades para educación física " Grupo Sambori.
- CD rom " el juego de 6 a 12 años ".INDE (1998) : B.C.N.

REVISTAS

- Víctor M. López Pastor y otros (2001): La sesión de Educación Física. Revista digital
- "Lecturas: EF y Deportes". Buenos Aires. Año 7. Nº 43.
- "El Patio de Educación Física" Publicación cuatrimestral. Mayo-Agosto 2004. Ed. Pila Teleña.

- Relacionada con el **ÁMBITO LEGISLATIVO,** destacamos:

- **Ley Orgánica 2/2006, de 3 de mayo,** de Educación.
- **Orden 6 de octubre de 1995**, que regula las adaptaciones del currículo.
- **Decreto 254/1992** de 30 de Julio por el que se establece el Currículo de Educación Primaria para la Comunidad Autónoma de Galicia.
- **Orden del 6 de mayo de 1993** por la que se regula la evaluación en la Educación Primaria en la Comunidad Autónoma de Galicia.
- **Real Decreto 1537/03**, de 5 de diciembre por el que se establecen los requisitos mínimos de los centros que impartan enseñanzas escolares de régimen general.

En base a la filosofía de la **LOE** finalizamos resaltando que: LA EDUCACIÓN DEBE SER UN APRENDIZAJE PERMANENTE, QUE SE DESARROLLA A LO LARGO DE TODA LA VIDA.

www.ingramcontent.com/pod-product-compliance
Ingram Content Group UK Ltd.
Pitfield, Milton Keynes, MK11 3LW, UK
UKHW050613260726
13967UKWH00008B/2843